Der Autor

Dr. Deepak Chopra ist der wohl bekannteste amerikanisch-indische Ayurveda-Arzt, Autor zahlreicher Bestseller zu Themen des ganzheitlichen Heilens und Begründer des Chopra-Gesundheitszentrums in Kalifornien. In seinen zahlreichen Vorträgen und seinen Werken, zu denen inzwischen auch literarische Erzählungen gehören, verbindet er östliche Weisheitslehren mit westlicher Wissenschaft. Von seinen Büchern haben sich weltweit über 25 Millionen Exemplare verkauft, davon über 2 Millionen in Deutschland. Zu seinen international erfolgreichsten Büchern gehören *Die sieben geistigen Gesetze des Erfolgs* und *Die sieben geistigen Gesetze des Yoga*.

Von Deepak Chopra sind in unserem Hause erschienen:

Die sieben geistigen Gesetze des Erfolgs
Die sieben geistigen Gesetze des Yoga
(bei Marion von Schröder)
Die Quelle von Wohlstand und Glück

Deepak Chopra

Die Quelle von Wohlstand und Glück

Aus dem Amerikanischen
von Annette Charpentier

Ullstein

Besuchen Sie uns im Internet:
www.ullstein-taschenbuch.de

Ullstein Esoterik
Herausgegeben von Michael Görden

Aus dem Amerikanischen von Annette Charpentier
Titel der Originalausgabe
CREATING AFFLUENCE
Erschienen bei New World Liberary, San Rafael, California, USA

Umwelthinweis:
Dieses Buch wurde auf chlor- und säurefreiem
Papier gedruckt.

Neuausgabe im Ullstein Taschenbuch
1. Auflage September 2005
2. Auflage 2005

Umschlaggestaltung: FranklDesign, München
Titelabbildung: Shivananda Ackermann
Druck und Bindearbeiten: Ebner & Spiegel, Ulm
Printed in Germany
ISBN-13: 978-3-548-74270-0
ISBN-10: 3-548-74270-X

Inhalt

Für alle, die aus sich heraus geben und dafür die unendliche Fülle des Universums empfangen.

Wohlstand, Fülle und
Überfluß sind unser
natürlichster Zustand.
Wir müssen bloß die
Erinnerung an das
wiedergewinnen, was
wir bereits wissen.

Einführung

Es war einmal, in einem fernen Land, ein junger Mann, der ging eines Tages in den Wald und sagte zu seinem spirituellen Meister: »Ich will unbegrenzten Reichtum haben, und mit diesem unbegrenzten Reichtum will ich der Welt helfen und sie heilen. Bitte verrate mir das Geheimnis, wie man Wohlstand schafft.«

Und der spirituelle Meister erwiderte: »Im Herzen eines jeden Menschen regieren zwei Göttinnen. Ein jeder ist in diese herrlichen Wesen verliebt. Doch es gibt ein gewisses Geheimnis, das du kennen mußt, und ich werde dir dieses Geheimnis verraten.

Du liebst vielleicht beide Göttinnen, aber du mußt einer von ihnen mehr Aufmerksamkeit schenken: Das ist die Göttin des Wissens, und ihr Name lautet Sarasvati. Folge ihr, liebe sie und schenke ihr deine Aufmerksamkeit. Die andere Göttin, deren Name Lakshmi lautet, ist die Göttin des Reichtums. Wenn du Sarasvati mehr Beachtung schenkst, wird Lakshmi äußerst eifersüchtig und wendet sich dir stärker zu. Je mehr du der Göttin des Wissens nachjagst, um so stärker wird dich die Göttin des Reichtums verfolgen. Sie bleibt dir auf den Fersen, wo immer du hingehst, und wird dich niemals verlassen. Und der Reichtum, den du ersehnst, wird dir stets zur Verfügung stehen.«

In Wissen, Lust und Geist liegt Macht. Und diese Macht in dir ist der Schlüssel dazu, Wohlstand zu schaffen.

Vorbemerkung des Autors

Das Material in diesem Buch ist stark kondensiert und muß im wortwörtlichen Sinne im Bewußtsein des Lesers verdaut und erlebt werden.

Um den besten Nutzen daraus zu ziehen, möchte ich vorschlagen, das gesamte Buch einmal fortlaufend durchzulesen. Anschließend geht man es noch einmal durch, und zwar täglich fünf Seiten.

Wenn man dies beendet hat,

beginnt man wieder von vorn. Das macht man sich zur lebenslangen Gewohnheit. Dann wird einem der Reichtum in all seinen Formen folgen, wo immer man sich aufhält.

Teil I

Wohlstand schaffen

In den riesigen Weiten
meines Bewußtseins
tauchen unendliche
Welten auf und
verschwinden wieder,
wie Staubkörnchen in
einem Lichtstrahl.

Altes vedisches
Sprichwort

Kapitel Eins

Die Quelle allen Überflusses

Wohlstand ist derjenige Zustand, in dem unsere Bedürfnisse ohne Schwierigkeiten erfüllt und unsere Sehnsüchte spontan befriedigt werden. Wir empfinden in jedem Augenblick unserer Existenz Freude, Gesundheit, Glück und Lebenskraft.

Wohlstand ist Realität, und der wahre Sinn dieses Buches besteht darin, uns zur Erkenntnis des Wesens dieser Realität zu bringen.

Wenn wir im Wesen der Realität wohl verankert sind und auch genau wissen, daß diese Realität unsere Natur ist, dann erkennen wir, daß wir alles schaffen können, weil alle materielle Schöpfung den gleichen Ursprung hat. Die Natur erschafft einen Spiralnebel, eine Galaxis von Sternen, einen Regenwald oder den menschlichen Körper auf die gleiche Weise, wie sie auch Gedanken erschafft.

Die gesamte materielle Schöpfung, alles, was wir sehen, berühren, hören, schmecken oder riechen können, besteht aus dem gleichen Stoff und entspringt der gleichen Quelle. Diese Tatsache wissen wir aus Erfahrung. Dies gibt uns die Fähigkeit, alle Wünsche, die wir haben, zu erfüllen, alle materiellen Objekte zu erlangen, die wir uns wünschen, und Erfüllung und Glück in dem Ausmaß zu erleben, wie wir es nur wollen.

Die in diesem Buch vorgestellten Prinzipien beziehen sich insbesondere auf die Schaffung von unbegrenztem materiellem Reichtum, aber sie können auch zur Erfüllung aller möglichen anderen Wünsche angewendet werden, denn es handelt sich um die gleichen Prinzipien, die die Natur benutzt, um materielle Realität aus nichtmaterieller Essenz zu erschaffen.

Ehe wir uns diesen Prinzipien zuwenden, möchte ich ein wenig ausführlicher darstellen, was die Wissenschaft, besonders die Physik, über das Wesen des Universums, in dem wir leben, über das Wesen des menschlichen Körpers, das Wesen unseres Geistes und ihrer aller Beziehung zueinander zu sagen hat.

Den Quantentheoretikern zufolge bestehen alle materiellen Dinge – ob Automobile, der menschliche Körper oder Geldscheine – aus Atomen. Diese Atome bestehen aus subatomaren Partikeln, die wiederum Fluktuationen von Energie und Information in einem riesigen leeren Raum aus Energie und Informationen darstellen.

Ich habe an anderem Ort, in meinen Büchern und auf Tonbandkassetten, in allen Einzelheiten das Wesen der Quantenrealität diskutiert. Ohne hier weiter in die Einzelheiten zu gehen, lautet die grundlegende

Schlußfolgerung der Quantentheoretiker, daß das Rohmaterial der Welt nicht-materieller Natur ist; der essentielle Stoff des Universums ist Nicht-Stoff. Unsere gesamte Technologie beruht auf dieser Tatsache.

Dies stellt den entscheidenden Schlag gegen den Aberglauben des heutigen Materialismus dar.

Faxmaschinen, Computer, Radios, Fernsehen – diese Technologien sind möglich, weil die Wissenschaft nicht mehr glaubt, daß das Atom, die Grundeinheit der Materie, eine solide Entität sei. Ein Atom ist überhaupt keine feste Entität; es ist eine Hierarchie der Zustände von Information und Energie in einem leeren Raum aller möglichen Zustände von Information und Energie.

Der Unterschied zwischen dem

einen materiellen Gegenstand und einem anderen – zum Beispiel zwischen einem Atom Gold und einem Atom Blei – besteht nicht auf materieller Ebene. Die subatomaren Partikel wie Protonen, Elektronen, Quarks und Bosonen, aus denen ein Atom Gold oder Blei besteht, sind genau die gleichen. Obwohl wir sie Partikel nennen, handelt es sich dennoch nicht um materielle Dinge. Sie sind vielmehr Impulse aus Energie und Information. Was Gold von Blei unterscheidet, ist die *Anordnung* und *Anzahl* dieser Impulse aus Energie und Information.

Die gesamte materielle Schöpfung strukturiert sich aus Information und Energie. Alle Quantenereignisse sind grundsätzlich Schwankungen von Energie und

Information. Und diese Impulse aus Energie und Information sind der Nicht-Stoff, der all das bildet, was wir für Stoff und Materie halten.

So wird deutlich, daß nicht nur der grundlegende Stoff des Universums nicht-stofflich ist, sondern daß es *denkender* Nicht-Stoff ist. Denn was ist ein Gedanke anderes als ein Impuls von Energie und Information?

Wir stellen uns vor, daß Gedanken nur in unserem Kopf vorkommen, aber das liegt daran, daß wir sie als sprachlich strukturiert erleben, als Gedanken, die sich ausdrücken können und uns in unserer eigenen Sprache anreden – in meinem Fall in Englisch mit indischem Akzent. Aber diese gleichen Impulse aus Energie und Information, die wir als Gedanken erleben – genau die gleichen Impulse – sind das Rohmaterial des Universums.

Der einzige Unterschied zwischen Gedanken in meinem eigenen Kopf und jenen außerhalb ist, daß ich die Gedanken in meinem Kopf in sprachlich strukturierten Begriffen erlebe. Doch ehe ein Gedanke verbal und als Sprache erfahren wird, ist er lediglich eine Absicht. Er ist wiederum ein Impuls aus Energie und Information.

Mit anderen Worten, auf der präverbalen Ebene spricht die gesamte Natur die gleiche Sprache. Wir sind alle denkende Körper in einem denkenden Universum. Und genau wie ein Gedanke sich in Moleküle unseres Körpers hineinversetzt, so versetzen sich diese gleichen

Impulse aus Energie und Information als Raum-Zeit-Ereignisse in unsere Umwelt.

Hinter dem sichtbaren Gewand des Universums, hinter der Fata Morgana aus Molekülen, der *maya* – oder Illusion – der Körperlichkeit, liegt eine natürliche, unsichtbare, nahtlose Matrix aus Nichts. Dieses unsichtbare Nichts orchestriert stumm die Natur, weist sie an, leitet sie, beherrscht sie und zwingt sie, sich mit grenzenloser Kreativität, unendlicher Fülle und unbeirrbarer Genauigkeit in Myriaden von Mustern, Formen und Gestalten auszudrücken.

In dieser nahtlosen Matrix aus Nichts, in diesem Zusammenhang aus Körper und Umwelt sind Lebenserfahrungen das Kontinuum, unsere Erfahrungen von Freude und Trauer, von Erfolg und Scheitern, von Reichtum und Armut. Alle diese Ereignisse scheinen uns vermeintlich zuzustoßen, aber auf einer sehr grundlegenden Ebene *veranlassen wir ihr Geschehen*.

Die Impulse aus Energie und Information, die unsere Lebenserfahrungen erschaffen, spiegeln sich in unserer Einstellung zum Leben, und unsere Einstellung ist eine Folge und Ausdruck der selbsterzeugten Impulse aus Energie und Information.

Kapitel Zwei

Wohlstand schaffen von A bis Z

Wie sieht nun dieses Bewußtsein aus, jene Zustände von Information und Energie, die Wohlstand in unserem Leben entstehen lassen?

Der Bequemlichkeit und besseren Einprägsamkeit halber habe ich die einzelnen Schritte, wie man zu Reichtum gelangt, alphabetisch von A bis Z aufgeführt.

Meiner Erfahrung nach ist es nicht notwendig, die Einstellungen, die ich im folgenden beschreibe, *bewußt* zu üben, um Reichtum zu verwirklichen. Es ist nicht nötig, mühsam und konzentriert eine Haltung zu trainieren oder eine bestimmte Stimmung zu pflegen. Dies verursacht nur Streß und Anspannung. Wichtig ist aber, daß wir wissen, wie diese Einstellungen von A bis Z lauten, daß wir die Schritte kennen und uns ihrer *bewußt* sind.

Je mehr wir uns dieser Schritte bewußt sind, um so stärker wird dieses Wissen in unserem Bewußtsein und unserer Wahrnehmung strukturiert. Dann verändern sich unsere Einstellungen und unser Verhalten viel spontaner, ohne jegliche Anstrengung unsererseits.

Wissen hat eine organisierende Kraft aus sich heraus. Es reicht einfach, zu wissen, sich der Prinzipien bewußt zu sein; dann wird dieses Wissen von unserem Körper verarbeitet und verdaut, und die Folgen ergeben sich spontan. Diese Folgen ereignen sich nicht über Nacht, sondern zeigen sich erst allmählich nach einer gewissen Zeitspanne.

Wenn man sich die Liste ansieht, sie einmal am Tag durchliest oder sie täglich als Tonbandkassette abhört, erkennt man bald, wie sich daraufhin Veränderungen im Alltag vollziehen und wie mühelos Reichtum und Wohlstand in unser Leben eintreten.

A

»A« steht für Alle Möglichkeiten, das Absolute, für Autorität, Reichtum und Fülle. Unser eigener wahrer Urzustand und der des Universums ist ein Füllhorn von Möglichkeiten. In unserer ursprünglichsten Form bilden wir die Menge sämtlicher Möglichkeiten.

Von dieser Ebene aus ist es möglich, alles zu erschaffen. Dieses Feld der Möglichkeiten ist unsere eigene, essentielle Natur. Es ist unser innerstes Selbst.

Man nennt es auch das Absolute, und es ist die letztendliche Autorität. Es ist von Natur aus reich, weil es die unendliche Vielfalt und Fülle des Universums ermöglicht.

B

»B« steht für Besser und das Beste. Evolution bedeutet, daß alles mit der Zeit immer nur besser wird, und schließlich bekommt man für sich selbst nur noch das Beste von allem.

Menschen, die nach Wohlstand streben, geben sich stets nur mit dem Besten zufrieden. Man nennt dies auch das Prinzip des Allerbesten. Man lebt immer nur Erster Klasse, und das Universum reagiert darauf, indem es einem immer nur das Beste gibt.

C

»C« steht für Chance und Charakter. Mit einer Milliarde auf dem Bankkonto ist man immer noch arm, wenn man seine Chancen nicht nutzt und keinen Charakter hat. Streben nach Wohlstand ist per definitionem ein Bewußtseinszustand. Wenn man sich ständig Sorgen macht, wieviel Geld man braucht, dann ist man arm, gleich, wieviel Geld man auf der Bank hat.

Chancen und Charakter haben

immer auch mit Teilen zu tun, denn die Quelle, der alles entstammt, ist unendlich, grenzenlos und unerschöpflich.

D

»D« steht für die Dualität von Angebot und Nachfrage. Gleich, welchen Dienst wir hier anbieten, es gibt dafür einen Bedarf. Man sollte sich öfter fragen: »Wie kann ich dienen?« und: »Wie kann ich helfen?« Die Antworten findet man stets in sich selbst. Wenn man diese Antworten findet, wird man auch erkennen und wissen, daß es eine Nachfrage nach diesen Diensten gibt.

»D« steht auch für *dharma*. Jeder Mensch hat ein *dharma*,

einen Zweck im Leben. Wenn wir im *dharma* sind, genießen und lieben wir unsere Arbeit.

E

»E« steht für die Freude über den Erfolg anderer, besonders unserer Rivalen und jener, die sich als unsere Feinde betrachten. Diese Rivalen und Feinde werden zu Helfern, wenn man sich über ihren Erfolg freut.

»E« steht aber auch für das Prinzip, daß die Erwartung den Ausgang bestimmt. Man sollte stets das Beste erwarten, und dann sieht man, daß der Ausgang spontan schon in der Erwartung enthalten ist.

F

»F« steht für das Faktum, daß in jedem Fehlschlag zugleich die Saat des Erfolgs angelegt ist. Bei der Manifestation des Materiellen aus dem Nicht-Materiellen oder des Sichtbaren aus dem Unsichtbaren ist ein grundsätzlicher Mechanismus beteiligt. Es handelt sich hier um das Prinzip des Feedbacks.

Ein Scheitern ist immer auch ein Sprungbrett im Mechanismus der Schöpfung und bringt uns dem Ziel immer näher. In

Wirklichkeit gibt es eigentlich kein Scheitern. Was wir Versagen nennen, ist lediglich ein Mechanismus, durch den wir lernen können, es beim nächsten Mal besser zu machen.

G

»G« steht für Großzügigkeit, Gott, Größe und Güte. Dies sind die natürlichen Kennzeichen eines wohlhabenden, erfüllten Geistes. Da man immer nur das Beste anstreben soll, dem Prinzip des Allerhöchsten folgend, kann man gleich Gott als Vorbild für sich nehmen. Immerhin ist niemand reicher als Gott, denn Gott ist das Reich aller Möglichkeiten.

Es gibt einen genauen Mechanismus, durch den alle Wünsche

manifestiert werden können. Er hat vier Schritte, die hier beschrieben werden.

Erster Schritt: Man gleitet in eine Lücke zwischen Gedanken. Diese Lücke ist das Fenster, der Gang, der verwandelnde Strudel, durch den hindurch die persönliche Psyche mit der kosmischen Psyche kommuniziert.

Zweiter Schritt: Man hat eine deutliche Absicht, in dieser Lükke ein eindeutiges Ziel zu entdecken.

Dritter Schritt: Man gibt die Bindung an mögliche Ergebnisse auf, denn wenn man immer nur daran denkt oder sich zu eng daran bindet, gleitet man aus dieser Lücke wieder heraus.

Vierter Schritt: Man überläßt die Einzelheiten dem Universum.

Es ist wichtig, im Bewußtsein stets ein deutliches Ziel vor Augen zu haben, aber es ist ebenso wichtig, die Bindung an dieses Ziel fahren zu lassen. Das Ziel liegt in dieser Lücke, und die Lücke ist das Potential, die Einzelheiten zu organisieren und abzustimmen, die man braucht, um ein Ergebnis zu beeinflussen.

Vielleicht kann sich der Leser daran erinnern, wie er einmal versuchte, sich an einen Namen zu erinnern. Man gab sich die größte Mühe, aber kam nicht darauf. Schließlich ließ man die Bindung an das Ergebnis fahren, und kurze Zeit später blitzte der Name über den Bildschirm des Bewußtseins. Das ist der Ablauf, wie man sich jeden Wunsch erfüllen kann.

Wenn man sich größte Mühe

gibt, sich an einen Namen zu erinnern, ist der Verstand aktiv und aufgewühlt. Doch schließlich läßt man die Sache ermüdet oder frustriert auf sich beruhen, der Verstand wird ruhiger und ruhiger, vielleicht sogar so gelassen, daß er fast ganz still ist – und man gleitet in die Lücke, so man seinen Wunsch freigesetzt hat. Bald schon wird er einem erfüllt. Das ist die wahre Bedeutung von »Bitte, und dir wird gegeben« und »Klopf an, und dir wird aufgetan.«

Eine der leichtesten und mühelosesten Weisen, in die Lücke zwischen Gedanken zu gleiten, besteht im Prozeß der Meditation. Es gibt viele Arten der Meditation und des Gebets, die einem helfen können, aus dieser Lücke heraus Wünsche zu manifestieren.

H

»H« steht für Humanität und Herzenserfüllung und die Tatsache, daß wir alle hier auf der Welt sind, um die Menschen, mit denen wir in Kontakt treten, glücklich zu machen.

Das Leben entwickelt sich auf natürliche Weise immer zum Glück hin. Wir müssen uns ständig fragen, ob das, was wir tun, uns und diejenigen in unserer Umgebung glücklich macht. Denn Glück ist das letztendliche Ziel. Es ist das Ziel aller anderen Ziele.

Wenn wir Geld wollen, eine gute Beziehung, eine erfüllende Arbeit, suchen wir in Wirklichkeit nur Glück. Wir begehen jedoch den Fehler, das Glück nicht in erster Linie anzustreben. Wenn wir das täten, ergäbe sich alles andere von selbst daraus.

I

»I« steht für die Macht der unbeirrbaren Intention. Dies bedeutet, unveränderliche Entscheidungen zu treffen, von denen es kein Zurück gibt. Das ist zielstrebige Entschiedenheit. Es ist ein genau definierter Sinn, der von keinen anderen, entgegengesetzten Wünschen oder Interessen gestört wird.

Um Reichtum zu erlangen – aber auch alles andere im körperlichen Universum – muß man seine Absichten darauf richten, diese Entscheidung treffen und dies genau anstreben. Die Intention ist unverrückbar, und ihr Sinn steht fest. Nichts kann sie ins Wanken bringen. Das Universum kümmert sich um die Einzelheiten und organisiert und orchestriert die Gelegenheiten. Man braucht bloß noch auf diese Chancen zu achten.

J

»J« steht für die Tatsache, daß es nicht notwendig ist, zu judizieren. Wenn wir das Bedürfnis aufgeben, ständig alles als gut oder schlecht, falsch oder richtig zu klassifizieren, erleben wir mehr Ruhe im Bewußtsein. Unser innerer Dialog wird stiller, wenn wir die Last der Jurisdiktion ablegen. Dann ist es leichter, in die Lücken zu gleiten.

Daher ist es sehr wichtig, sich von Definitionen, Etiketten, Beschreibungen, Deutungen, Einschätzungen, Analysen und Urteilen zu distanzieren, denn sie alle schaffen Turbulenzen in unserem inneren Dialog.

K

»K« steht für die Tatsache, daß Kenntnisse es ermöglichen, die Realität zu organisieren. Kenntnisse jeglicher Art werden spontan verdaut und bewirken eine Veränderung im Bewußtsein, von wo aus es möglich wird, neue Realitäten zu schaffen.

Wenn man sich zum Beispiel mit den in diesem Buch enthaltenen Kenntnissen vertraut macht, schafft man spontan die Bedingungen, Reichtum und Wohlstand zu erzeugen.

L

»L« steht für Liebe und Luxus. Liebe dich selbst. Liebe deine Kunden. Liebe deine Familie. Liebe jedermann. Liebe die Welt. Es gibt keine stärkere Macht als die Liebe.

Mache Luxus zu deinem Lebensstil. Luxus ist unser natürlicher Seinszustand. Luxus als Lebensstil setzt die Vorbedingungen für das Heranströmen von Reichtum.

M

»M« steht dafür, Mehr für andere zu schaffen und anderen zu helfen, selbst mehr zu schaffen. Wenn man anderen hilft, mehr Geld zu verdienen und ihre Bedürfnisse zu erfüllen, ist das ein sicherer Weg, auch für sich selbst mehr zu erringen, um die eigenen Träume zu erfüllen.

»M« steht aber auch für Motivation. Wer andere motiviert, ihre Ziele zu erreichen, wird auch von ihnen wiederum Hilfe für seine eigenen Ziele erhalten.

N

»N« steht dafür, Nein zu Negativität zu sagen. Mein Freund Wayne Dyer, der berühmte Schriftsteller, brachte mir eine simple Technik hierfür bei. Immer, wenn er einen negativen Gedanken hat, sagt er leise zu sich: »Weiter«, und schreitet mit seinen Gedanken weiter.

Nein zur Negativität sagen, bedeutet aber auch, sich nicht im Umfeld negativer Menschen aufzuhalten. Negative Menschen rauben einem alle Energie. Umgeben Sie sich mit Liebe und Fürsorge, und erlauben Sie in Ihrer Umgebung keinerlei Negativität.

O

»O« steht für Ordnung und Opposition und die Tatsache, daß das Leben aus der friedlichen Koexistenz von Gegensätzen besteht. Freude und Trauer, Lust und Schmerz, auf und ab, heiß und kalt, hier und dort, Licht und Dunkelheit, Geburt und Tod. Alle Erfahrung beruht auf Gegensätzen, und das eine wäre ohne das andere stets sinnlos.

Ein weiser Seher sagte einmal: »Ein Mann, der von Geburt an

blind ist, wird nie die Bedeutung von Dunkelheit begreifen, weil er niemals Licht erlebte.«

Wenn wir dies in unserem Bewußtsein ruhig miteinander versöhnen und die lebendige Koexistenz aller entgegengesetzten Werte akzeptieren, dann werden wir automatisch immer weniger verurteilen.

Sieger und Verlierer werden als die beiden Pole des gleichen Wesens betrachtet. Wenn man sich des Urteils enthält, führt dies zur Beruhigung des inneren Dialogs und eröffnet Möglichkeiten zur Kreativität.

»O« steht aber auch für Offenheit und offene, ehrliche Kommunikation. Jeder Kontakt zu einem anderen Menschen ist eine Gelegenheit zu Wachstum und die Erfüllung von Wünschen. Man muß immer auf die Gelegenheiten achten, indem man sein eigenes Bewußtsein dafür öffnet. Offene und ehrliche Kommunikation schärft die Antennen, diese Gelegenheiten zu erkennen.

P

»P« steht für das reine Potential und den Platz im Leben. Wir sind aus einem bestimmten Grund auf der Welt. Es liegt an uns, herauszufinden, wo unser Platz ist. Wenn wir diesen Sinn erkannt haben, dann führt uns diese Erkenntnis zu der Einsicht, daß wir wahres Potential haben.

Wir müssen fähig sein, unseren Lebenssinn in einfachen Begriffen darzulegen. Meine Aufgabe in diesem Leben besteht beispielsweise darin, zu heilen, alle Menschen, denen ich begegne, glücklich zu machen und Frieden zu schaffen.

Wenn man seine Aufgabe erkannt hat, eröffnet man sich die Tür zum Reich des reinen Potentials, denn in unserem Wunsch angelegt sind die Samen und die Mechanismen zu seiner Erfüllung. Der Vedische Seher sagte dazu: »Ich bin das unermeßliche Potential von allem, was ist, was sein wird, und meine Wünsche sind wie Samenkörner in der Erde: Sie warten auf die richtige Jahreszeit und entwickeln sich dann spontan zu wunderschönen Blumen, mächtigen Bäumen, verzauberten Gärten und majestätischen Wäldern.«

Q

»Q« steht für die Quelle aller Fragen, besonders die, die Dogmen und Autoritäten in Frage stellen. Nur wenn man etwas hinterfragt, was für andere Menschen selbstverständlich ist und als Wahrheit gilt, kann man die Lähmung der gesellschaftlichen Konditionierung durchbrechen.

R

»R« steht dafür, daß Reichtum empfangen ebenso wichtig ist wie ihn weitergeben. Wenn man mit Würde empfängt, drückt dies aus, wie würdig das Geben ist. Wenn man nicht würdig nehmen kann, ist man in Wirklichkeit auch unfähig zum Geben. Reichtum geben und nehmen sind die verschiedenen Aspekte des Energieflusses im Universum.

Reichtum geben und nehmen muß sich nicht nur im Bereich

der materiellen Dinge abspielen. Wenn man beispielsweise ein Kompliment, Bewunderung oder Respekt würdig entgegennimmt, bedeutet das ebenso die Fähigkeit, dies anderen zukommen zu lassen. Und das Fehlen von Respekt, Höflichkeit, Manieren oder Bewunderung macht einen arm, gleich, wieviel Geld man auf der Bank hat.

S

»S« steht für soziales, sinnvolles Ausgeben und Dienen. Geld ist wie Blut, es muß fließen. Es horten und sich daran klammern bewirkt Stauungen. Um zu wachsen, muß es fließen. Wenn es blockiert wird, wirkt es ebenso schädlich wie ein Blutpfropfen.

Geld ist Lebensenergie, die wir aufgrund der Dienste austauschen und benutzen, die wir dem Universum erweisen. Und damit es immer wieder zu uns zurückkehrt, müssen wir es im Umlauf halten.

T

»T« steht für Transzendenz, totales Bewußtsein und Talent. Meiner persönlichen Erfahrung nach besitzt das Leben ohne Transzendenz keine Schönheit. Um das Leben voll erfüllt zu genießen, ist es notwendig, über alle Grenzen hinauszugehen.

Der Sufi-Dichter Rumi sagte einmal: »Außerhalb aller Vorstellungen von Gut und Böse gibt es ein großes Feld. Dort werde ich dir begegnen.« Ich glaube, daß meine Erfahrung von Transzendenz durch die Praktik der Meditation mir innere Stabilität und Ruhe verleiht, die durch keinerlei Aktivitäten überschattet werden. Diese Ruhe verweilt in mir, so daß keine äußere Erfahrung das Bewußtsein und Erlebnis des Selbst überlagern kann.

»T« steht zudem auch für totales, zeitloses Bewußtsein – im Gegensatz zu zeitgebundenem Bewußtsein. Dieses letztere entsteht, wenn wir das Selbst zugunsten des Selbstbildes verdrängen. Das Selbstbild ist die gesellschaftliche Maske, die schützende Firnis, hinter der wir uns verbergen. In zeitgebundenem Bewußtsein wird unser Verhalten stets von der Vergangenheit und der Vorahnung und Angst vor der Zukunft beeinflußt. Es wurzelt in Angst. Es bewirkt Lähmung, Alterung und Tod. Zeitloses, totales Bewußtsein hingegen ist das Bewußtsein des Selbst.

Der Vedische Seher sagt: »Ich sorge mich nicht um die Vergangenheit, und ich fürchte die Zukunft nicht, denn mein Leben ist in der Gegenwart höchst konzentriert; in jeder Situation, die erfolgt, ergeben sich von selbst die richtigen Reaktionen.« Das ist ein gesegneter Zustand. Das Selbst wohnt nicht im Reich der Gedanken. Es liegt in der Lücke zwischen unseren Gedanken. In der Lücke zwischen den Gedanken flüstert uns die kosmische Psyche leise etwas zu. Wir nennen dieses Flüstern auch Intuition. Zeitgebundenes Bewußtsein ruht im Intellekt, es berechnet. Zeitloses Bewußtsein liegt im Herzen, es fühlt.

»T« steht aber auch für Talent. Um Kreativität zu optimieren und immer das Beste zu leisten, ist es gut, eine »Talentbank« zu entwickeln – einen Zirkel von Menschen mit einzigartigen und vielfältigen Talenten und Fähigkeiten, deren individuelle Talente insgesamt mehr als nur die Summe der Teile ausmachen.

U

»U« steht für die Universalität hinter aller Vielfalt und Verschiedenheit. Universales Bewußtsein ist ein Zustand der Erleuchtung, in dem wir die Masken der Verblendung durchstoßen, die Spaltungen und Aufsplitterungen bewirken. Hinter der scheinbaren Spaltung liegt ein einziges, einheitliches Feld der Ganzheit. Hier sind Seher und Gesehenes eins.

Wir erleben universales Bewußtsein, wenn wir verliebt sind,

wenn wir eins mit der Natur sind, die Sterne betrachten oder an einem Strand spazieren gehen, Musik hören, tanzen, Gedichte lesen, beten oder in schweigender Meditation.

Im universalen Bewußtsein gleiten wir durch die Barrieren der Zeit auf die Spielwiese der Ewigkeit, so z. B. wenn wir sagen: »Die Schönheit des Gebirges war atemberaubend, es war, als bliebe die Zeit stehen.« Das Gebirge und man selbst werden eins. Auf einer sehr tiefliegenden Bewußtseinsebene wissen wir, daß du und ich, das Gebirge und alles andere das gleiche Sein in verschiedenen Ausprägungen sind.

Das ist der Zustand der Liebe – nicht als sentimentales Gefühl, sondern als letztendliche Wahrheit, im Herzen aller Schöpfung.

V

»V« steht für die Verbindung aller Werte: Wahrheit, Integrität, Aufrichtigkeit, Liebe, Treue, Ergebung und Schönheit. Der große indische Dichter Rabindranath Tagore sagt: »Wenn wir Schönheit empfinden, erkennen wir sie als die Wahrheit.«

Ohne die Verbindung aller Werte herrschen Verwirrung und Chaos. Wenn die Werte schwinden, zerfällt auch alles andere. Die Gesundheit verfällt, Armut herrscht über Wohlstand, Gesellschaften und Zivilisationen vergehen.

Wenn wir auf diejenigen Werte achten, die die Gesellschaft stets heilig gehalten hat, dann taucht Ordnung aus Chaos auf, und das Feld des reinen Potentials in uns wird allmächtig und erschafft alles, was es wünscht.

W

»W« steht für Wohlstand ohne Sorgen. Wohlstand bedeutet, es herrschen keine Sorgen um Geld. Wirklich wohlhabende Menschen sorgen sich nie darum, ihr Geld zu verlieren, denn sie wissen, daß die Quelle, aus der das Geld stammt, in Wirklichkeit unerschöpflich ist.

Als wir einmal mit meinem Lehrer Maharishi Mahesh Yogi den Weltfrieden diskutierten, fragte ihn jemand: »Woher wird denn das Geld dafür kommen?«, und er antwortete, ohne zu zögern: »Von da, wo es sich im Moment befindet.«

X

»X« steht für die unbekannte Größe von allen, die uns helfen und denen wir hiermit aufrichtig danken. Wir dürfen Anerkennung niemals vorgeben, sondern müssen sie tief und echt empfinden und auch so ausdrücken. Der Ausdruck von Dankbarkeit ist eine mächtige Kraft, die sogar noch mehr hervorbringt, als wir bereits empfangen haben.

Y

»Y« steht für die Gelassenheit von Yogis und für jugendliche Lebenskraft. Wir erleben Gesundheit, wenn unsere Identität sich ausschließlich auf das Selbst gründet.

Wenn wir uns mit Objekten identifizieren, ob es sich nun um Situationen, Umstände, Menschen oder Dinge handelt, geben wir unsere Energie an das jeweilige Objekt ab. Als Folge empfinden wir einen Mangel an Energie und Lebenskraft.

Wenn unsere Identität aus dem Selbst herrührt, behalten wir unsere Energie bei uns. Wir fühlen uns energisch, mächtig und erleben Yogi-Gelassenheit und Lebenskraft.

Z

»Z« steht für den Zehnten. Das bedeutet, wir geben einen bestimmten Anteil von unserem Einkommen ab, ohne daran Bedingungen oder Verpflichtungen zu knüpfen. Wenn man gibt, schafft man in sich damit ein Vakuum, das noch mehr anzieht, als man fortgegeben hat. Emerson sagte: »Ohne ein reiches Herz ist Reichtum ein häßlicher Bettler.«

»Z« steht aber auch für Zielstrebigkeit und Lebensgeist. Das bedeutet, das Leben in all seiner Kraft und Fülle zu schätzen. Es heißt, zu wissen, daß es nur ein Leben gibt, das sich in Myriaden von Formen ausdrückt. Zu erkennen, daß im gegenwärtigen Augenblick alle Kraft liegt. Es heißt, zu wissen, daß ich das bin, du jenes, und all dies so ist und alles andere so.

Tagore sagte einmal: »Der gleiche Lebensstrom, der durch die Welt fließt, fließt Tag und Nacht in meinen Adern und tanzt im gleichen Rhythmus. Es ist das gleiche Leben, das vor Freude durch den Staub der Erde schießt und unzählige Grashalme hervorbringt und in wilde Wiesen von Blumen ausbricht.« Er sagt dazu: »Das Leben durchpulst alle Zeitalter und tanzt in genau diesem Augenblick in meinem Blut.« Der

Kontakt mit diesem Lebenspuls aller Zeitalter, der in diesem Moment in unserem Blut tanzt, heißt, Lebenslust empfinden. Und dies heißt, dem Unbekannten mit Sorglosigkeit und Freiheit entgegenzutreten.

Das Unbekannte ist ein Feld unendlicher Möglichkeiten in jedem Moment der Gegenwart. Und das ist Freiheit – jenseits der bekannten Größe vergangener Konditionierungen, jenseits des Kerkers von Raum, Zeit, Gründen und Ursachen.

Don Juan sagte einmal zu Carlos Castaneda: »Es ist nicht wichtig, wie unser jeweiliges Schicksal aussieht, solange wir uns ihm mit grenzenloser Hingabe stellen.« Das ist Sorglosigkeit. Das ist Freude. Das ist Freiheit. Das ist Lebensfreude.

Das wäre es also. Dies waren die Schritte zum unbegrenzten Reichtum, das A bis Z des Wohlstandes. Man braucht sich nicht bewußt in eine Stimmung für diese Eigenschaften hineinzuversetzen. Man braucht sich ihrer lediglich bewußt zu sein.

Diese Liste sollte man täglich lesen oder sie von einer Tonbandkassette abhören. Dann erkennt man bald, wie sich das Leben verändert und sich in Wohlstand, Grenzenlosigkeit, Überfluß, Unendlichkeit und Unsterblichkeit ausdrückt.

Schaffen Sie so viel Reichtum, wie Ihr Herz begehrt. Erfüllen Sie sich jeden materiellen und immateriellen Wunsch. Schaffen Sie Reichtümer und verschwenden Sie sie. Seien Sie großzügig. Teilen Sie mit anderen. Geben

Sie an Ihre Kinder weiter, an die Familie, Verwandte, Freunde, an die Gesellschaft und die Welt. Denn Reichtum gehört dem Universum und nicht uns – wir gehören vielmehr ihm.

Wir sind privilegierte Kinder, und das Universum hat sich entschlossen, seine Fülle mit uns zu teilen. Wir brauchen uns nur darauf zu konzentrieren, und aller Reichtum wird unser sein. Nur Aufmerksamkeit zählt.

Ein großer Seher aus Indien sagte einmal: »Du bist dort, wohin dich deine Aufmerksamkeit trägt. Du bist in Wirklichkeit deine Aufmerksamkeit. Wenn deine Aufmerksamkeit gespalten ist, dann bist du selbst gespalten. Wenn deine Aufmerksamkeit der Vergangenheit gilt, dann lebst du in der Vergangenheit. Wenn deine Aufmerksamkeit dem gegenwärtigen Moment gilt, dann stehst du in der Gegenwart Gottes, und Gott ist gegenwärtig in dir.«

Seien Sie sich ganz einfach der Gegenwart bewußt und dessen, was sie gerade tun. Die Präsenz Gottes ist überall; man braucht sie lediglich bewußt und aufmerksam anzunehmen.

Teil II

Das Bewußtsein von Fülle im Reich aller Möglichkeiten

Und wenn die Wasser
sich glätten,
siehst du Sterne
und Mond
in deinem Wesen
gespiegelt.

Rumi

Kapitel Drei

Die magische Wirkung der Aufmerksamkeit

Bislang haben wir die Schritte zum Wohlstand mehr oder minder im materialistischen Sinne betrachtet. Aber materieller Reichtum – Geld – ist nur ein Mittel zur spontanen Erfüllung unserer Wünsche.

Wohlstand oder Reichtum bedeutet, daß man ganz leicht alle seine Wünsche erfüllen kann, gleich wie sie aussehen, ob sie nun in den materiellen Bereich gehören, emotionale, psychologische oder spirituelle Bedürfnisse sind oder ins Reich der Beziehungen fallen.

Die Aufmerksamkeit eines wirklich reichen Menschen ist niemals nur auf Geld allein gerichtet. Außerdem hat ein wirklich wohlhabender Mensch niemals irgendwelche Geldsorgen. Man kann Millionen auf der Bank haben, aber wenn man die ganze Zeit immer nur an Geld denkt, hat man Geldsorgen: Man will mehr, hat vermeintlich nicht genug, sorgt sich, es zu verlieren. Dann ist man ungeachtet der Summen, die man zur Verfügung hat, arm. Oscar Wilde sagte einmal: »Es gibt nur eine Klasse von Menschen, die mehr an Geld denkt als die Reichen, und das sind die Armen. Arme können an nichts anderes denken.«

Wahrer Reichtum oder Wohlstand bedeutet, sich um nichts in der Welt Sorgen zu machen, auch nicht um Geld. Wahres Wohlstandsbewußtsein ist daher das Wissen um die Quelle aller materiellen Realität. Diese Quelle aller materiellen Realität ist das reine Bewußtsein. Es ist reines Bewußtsein und das einheitliche Feld sämtlicher Möglichkeiten.

Dieses Feld können wir nicht erkennen, indem wir bloß daran denken, denn es ist per definitionem für Gedanken transzendental. Wir können jedoch Erfahrungswissen über dieses Feld gewinnen, indem wir uns daraufhin transzendieren und es so genau wie unser eigenes Wesen kennenlernen.

Wenn wir transzendieren, erkennen wir nonverbal, ohne die Benutzung von Wörtern. Wir erlangen Wissen direkt, ohne die einlenkende Einmischung der gesprochenen Sprache. Das ist der Wert der Meditation, die uns die Erfahrung des reinen Wesens verleiht, obschon die Erfahrung des reinen Seins an sich schon ein Ausdruck reinster Freude und Glückseligkeit ist.

Wenn man die Erfahrung der Meditation mit Aktivitäten abwechselt, besteht der Hauptvorteil darin, daß unsere Aktivitäten um so stärker vom reinen Sein durchdrungen werden, je mehr wir ins Reich des reinen Bewußtseins und Wissens eintauchen. Und dann nimmt unsere Aktivität die Eigenschaften an, die dem reinen Sein zu eigen sind, dem reinen Bewußtsein: unendlich, grenzenlos, voll Überfluß, reich und unsterblich.

Der beste Weg zu Wissen über dieses Reich des reinen Seins ist die Meditation. Wenn man diese Eigenschaften verstandesmäßig erkennt und ihnen Aufmerksamkeit widmet, hilft dies auch, denn letztendlich ist das, was wir erfahren, Folge der Qualität unserer Aufmerksamkeit.

In diesem Kapitel möchte ich noch einmal ausführlicher das Quantenfeld beschreiben.

Die Physiker sagen uns, wenn wir über den Bereich subatomarer Partikel hinausgehen in die Wolke subatomarer Partikel, aus denen alles in Wirklichkeit besteht, wenn wir versuchen, diese

Partikelchen zu untersuchen und zu verstehen – die seltsame Namen haben wie Quarks, Bosonen, Leptone usw. –, daß diese so klein sind, daß wir sie niemals erfassen könnten. Weder stehen uns Instrumente dafür zur Verfügung, noch werden wir jemals welche haben, die die Winzigkeit dieser Teilchen messen können. Sie sind so klein, daß wir sie eigentlich bloß denken können.

Es gibt aber noch eine weitere, sehr interessante Tatsache über diese Partikel: Noch nie hat sie jemand gesehen. Wenn man also diese subatomaren Partikel nicht beobachten kann, wenn man sie nicht sehen kann, woher wollen wir wissen, daß sie existieren? Und die Antwort lautet, wir wissen, daß sie existieren, weil sie in Partikelbeschleunigern Spuren hinterlassen. In den Forschungslaboratorien für subatomare Theorie kann man die Spuren, die diese Partikelchen hinterlassen, sehen und sogar fotografieren. Indem man Spuren betrachtet, weiß man, daß sie wirklich und tatsächlich existieren. Aber es gibt noch eine weitere, sehr interessante Tatsache über diese Partikel: Sie existieren nur dann, wenn wir sie beobachten.

Jedesmal, wenn wir also ein Quantenfeld betrachten, blinken diese Partikel in ihr Sein, und jedesmal, wenn wir unseren Blick und unsere Aufmerksamkeit abwenden, verschwinden sie in einem Nichts. Sie schalten sich an und aus wie kleine Lichter in einem dunklen Zimmer. Das dunkle Zimmer kann man sich als unendlichen, grenzenlosen Raum vorstellen. Die Partikel, die zum Sein aufblitzen, schaffen dies aufgrund der bloßen Tatsache, daß Aufmerksamkeit auf dieses Feld gerichtet wird.

Wenn man seine Aufmerksamkeit auf das Feld richtet, werden sie existent. Wenn man seine Aufmerksamkeit davon abwendet, sind sie bloß eine Wahrscheinlichkeitsfrequenz im Feld sämtlicher Möglichkeiten.

Jedes Teilchen ist zugleich eine Welle. Es ist eine Welle – bis zum Augenblick der Beobachtung. Eine Welle ist nicht auf irgendeinen Ort in Zeit oder Raum begrenzt. Sie ist ein diffuses Ding. Daher wird sie Wahrscheinlichkeitsfrequenz im Feld sämtlicher Möglichkeiten genannt.

Dies definiert die statistische Wahrscheinlichkeit, ein Teilchen an einem bestimmten Ort zum Zeitpunkt der Beobachtung zu finden – d.h. innerhalb der Aufmerksamkeitsspanne.

Es ist Aufmerksamkeit, die die Wahrscheinlichkeitsfrequenz, die Welle, die wahrscheinliche Streuung, in eine meßbare Funktion der Zeit verwandelt. Aufmerksamkeit nimmt diese Wahrscheinlichkeitsfrequenz und verschafft ihr durch den bloßen Akt der Beobachtung materielle Existenz, und der bloße Akt der Beobachtung ist natürlich unsere darauf gerichtete Aufmerksamkeit. Ein Partikel wird also tatsächlich aufgrund des Akts der Beobachtung von Ihnen und mir erschaffen. Ehe er beobachtet wurde, war er lediglich eine statistische Möglichkeit, eine Wahrscheinlichkeitsstreuung für eine mögliche Maßeinheit als Funktion der Zeit.

Die magische Wirkung der Aufmerksamkeit

Vor der Beobachtung

∿ Welle

Über Zeit und Raum verstreut

(Wahrscheinlichkeits-Frequenz)

Nichtmateriell, nicht lokal

Im Bereich der Vorstellung

Zum Zeitpunkt der Beobachtung

● Partikel

Raum-Zeit-Ereignis

Lokalisiert

Im Bereich des Materiellen

Das ist Magie! Die Qualität unserer Beobachtung katapultiert eine gewisse Wahrscheinlichkeitsfrequenz im Feld unendlicher Möglichkeiten in materielle Existenz. Die Gesamtheit aller materiellen Schöpfung ist nichts anderes als das Selbst, das sich aufgrund verschiedener Eigenschaften seiner ihm selbst zugewandten Aufmerksamkeit selbst erlebt. Wenn unsere Aufmerksamkeit gespalten ist, sind wir es ebenfalls. Wenn unsere Aufmerksamkeit ungeteilt ist, sind wir selbst ungeteilt – ganz.

Die Vedischen Seher sagen: »Richte deine Aufmerksamkeit auf das, was ist, und erkenne in jedem Moment dessen Fülle. Die Gegenwart Gottes ist überall. Man braucht sie nur bewußt mit der eigenen Aufmerksamkeit zu umfassen.«

Kapitel Vier

Die Macht von Wissen, Lust und Geist

Wenden wir uns nun den Eigenschaften des einheitlichen Feldes zu, dem Selbst, dem reinen Sein, Quelle allen Überflusses und Wohlstandes im Universum. Wenn wir uns ein Rollenvorbild wählen oder uns etwas aussuchen müßten, nach dem wir uns ausrichten, warum nicht das einheitliche Feld wählen, die Quelle aller Schöpfung, und dies zu unserem Vorbild machen?

Die folgenden fünfundzwanzig

Eigenschaften werden dem einheitlichen Feld zugeschrieben. Diese Liste wurde vor mehreren Jahren aufgestellt, als Maharishi Mahesh Yogi, der Gründer der transzendentalen Meditationstechnik, eine Gruppe von Physikern bat, die Eigenschaften des einheitlichen Feldes zu beschreiben. Es stellte sich heraus, daß es sich um die gleichen Eigenschaften handelte, wie sie Brahman, dem Quell aller Schöpfung, in den vedischen Schriften zugeschrieben wurden, dem klassischen spirituellen Text Indiens.

Wenn wir uns eine Person vorstellten, die die Gedanken Gottes verkörperte, dann würden seine oder ihre psychologischen Kennzeichen so lauten. Und was wäre für uns besser, als den Geist Gottes zum Vorbild zu nehmen, das einheitliche Feld, das Feld sämtlicher Möglichkeiten?

Einstein sagte einmal: »Ich möchte die Gedanken Gottes kennenlernen, der Rest sind Nebensächlichkeiten.« Untersuchen wir also die Eigenschaften des einheitlichen Feldes. Sie lauten wie folgt:

1.

Vollständiges Potential der Naturgesetze

Dies bedeutet, daß alle Naturgesetze, die strukturiert sind und die unendliche Vielfalt der Schöpfung bestimmen, sich hier im einheitlichen Feld befinden.

Die Wissenschaft sagt uns heute, daß es in der Natur vier Elementarkräfte gibt. Es handelt sich um die Schwerkraft, die die Erde rotieren läßt und die Planeten beieinander hält; den Elektromagnetismus, der verantwortlich ist für Licht, Wärme, Strom – alle Dinge, die wir im Alltag als Energie erleben; die starken Wechselwirkungen, die den Kern eines Atoms zusammenhalten, und die schwachen Wechselwirkungen, die für die Reaktionen der Elemente und den radioaktiven Zerfall verantwortlich sind.

Alles in der physischen Schöpfung entsteht aufgrund dieser vier Kräfte. Aber es handelt sich nicht bloß um Kräfte – sie sind gleichzeitig Felder von Intelligenz, weil der letztendliche Grund dieser Kräfte, das einheitliche Feld, ein Feld unendlicher, grenzenloser Intelligenz ist und daher das vollständige Potential der Naturgesetze.

2.

Unendliche Organisationskraft

Das Feld organisiert alles in der Schöpfung: Die Bewegungen der Galaxien, den Zug der Sterne, die Rotation der Erde, die Zyklen der Jahreszeiten, den biologischen Rhythmus unserer Körper, die Vogelwanderungen zur richtigen Jahreszeit zum richtigen Ort, wie die Fische an ihren Laichort zurückkehren, die biologischen Rhythmen der Natur, wie man sie in Blumen, Vegetation und Tieren findet. Es ist wortwörtlich ein Feld unendlicher Organisationskraft. Es kann eine unendliche Anzahl von Dingen zur gleichen Zeit vollbringen und sie dann zueinander in Beziehung setzen.

Selbst unser menschlicher Körper ist ein Feld unendlicher Organisationskraft. Jede Sekunde vollziehen sich im menschlichen Körper sechs Trillionen Reaktionen. Und eine jede einzelne ist mit allen anderen Reaktionen verbunden; jedes einzelne biochemische Ereignis weiß, welche anderen biochemischen Ereignisse im Körper gerade stattfinden. Ein menschlicher Körper kann denken, Klavier spielen, ein Lied singen, Nahrung verwerten, Giftstoffe ausscheiden, Bakterien töten, die Bewegung der Sterne beobachten und ein Kind zeugen – alles zur gleichen Zeit – und jede dieser Aktivitäten aufeinander abstimmen.

In dem Feld selbst liegt also eine unendliche Organisationskraft. Wenn man dieses Feld genau kennt, wenn man es wie sein eigenes Wesen aus Erfahrung kennt, bedeutet das automatisch, die unendliche Organisationskraft des Feldes zu verkörpern.

3.

Völlig wach in sich selbst

Es ist das Feld der reinen Wahrnehmung. Es ist reines Wachsein. Es ist lebendig. Es schläft nie. Auch wenn es schweigt, ist es wach. In diesem Feld der reinen Wahrnehmung ist jede Eventualität aufgrund der Qualität der Aufmerksamkeit im Felde selbst möglich.

4.

Unendliche Wechselbeziehung

Wiederum: Alles ist mit allem anderen verbunden.

5.

Perfekte Ordnung

Das Feld ist reine Ordnung. Mit anderen Worten, es herrscht perfekte Ordnung, auch wenn es oberflächlich gesehen chaotisch erscheint. In jüngerer Zeit wurde viel über die sogenannte Chaostheorie geschrieben, die einfach bedeutet, daß selbst, wenn die Oberfläche chaotisch erscheint, tief darunter dennoch Ordnung herrscht.

Stellen wir uns vor, wir fahren nach New York und stehen vor dem Bahnhof Grand Central Station, und wenn man so zusieht, was sich dort abspielt, empfindet man es als ungeheures Chaos. Überall eilen Menschen umher, und es herrscht scheinbar überhaupt keine Ordnung. Doch natürlich ist jede Person unterwegs zu ihrem bestimmten Ziel. Also liegt hinter dieser scheinbaren Unordnung ein sehr ordentlicher Zustand.

Stellen wir uns vor, in der letzten Minute wird ein Gleiswechsel angekündigt. Zug X fährt heute statt von Gleis elf von Gleis vierzehn ab. Jetzt wird das Chaos sogar noch größer. Man sieht, wie die Menschen rasch die Richtung wechseln und wild hin- und hereilen, aber in Wirklichkeit steht eine ausgeprägte Ordnung dahinter. All diese Aktivitäten haben einen ausgesprochenen Sinn.

Im einheitlichen Feld herrscht ebenfalls Ordnung, denn es organisiert eine unendliche Anzahl von Dingen alle zur gleichen Zeit. Oberflächlich gesehen kann es sehr chaotisch erscheinen und scheinbar zu chaotischen Aktivitäten und Gedanken führen. Doch dahinter steht immer die perfekte Ordnung.

6.

Unendliche Dynamik

Das Feld ist dynamisch. Obwohl es schweigt, hat es jene unendliche Dynamik, die alle Möglichkeiten erschaffen kann. Das Feld ist fließend und flexibel. Flexibilität ist ein Aspekt seiner nichtmanifesten Erscheinungsweise. Es ist schweigsam. In der Stille liegt die Quelle der Dynamik, genau wie die Ruhe das Potential für Aktivität ist. Je tiefer das Schweigen, um so stärker die Dynamik.

7.

Unendliche Kreativität

Und was könnte schließlich kreativer sein als der Akt, das gesamte Universum zu manifestieren? Aber die Manifestation des Universums ist nichts weiter als die Manifestation von Gedanken auf der Ebene des Seins. Das Reine Sein denkt bei sich: »Vielleicht werde ich zu Wasser«, und wird zu Wasser. Wenn es bei sich denkt: »Vielleicht werde ich Gebirge«, wird es zu Gebirge; nach: »Vielleicht werde ich eine Galaxis«, wird es zu einer Galaxis. Denn reines Sein, ungestört, stumm, ewig, ist der Zustand der Glückseligkeit. Das Aufflackern eines Gedankens in diesem Zustand, eine kleine Störung, und daraus manifestiert sich das gesamte Universum.

Der große Sufi-Dichter Rumi sagte einmal: »Wir wirbeln aus dem Nichts heraus und streuen dabei Sterne aus wie Staub.« Das ist der Mechanismus der Schöpfung.

8.

Reines Wissen

Reines Wissen ist nicht Wissen über dieses oder jenes, es ist Wissen über alles, was in der physischen Schöpfung existiert. Es ist das Wirkungsvermögen, das unermeßliche Potential von all dem, was war, was ist und was sein wird.

9.

Grenzenlosigkeit

Das einheitliche Feld ist nicht von Grenzen, Vorstellungen oder voreiligen kognitiven Bedingungen eingeengt. Das Feld ist in Zeit und Raum grenzenlos. Es hat keine Beschränkungen in der Zeit; es ist ewig. Es hat keine Schranken im Raum; es liegt jenseits des äußeren Randes des Weltraums.

10.

Perfektes Gleichgewicht

Das Feld gleicht alles in der Schöpfung fein aus – die Ökologie der Natur, die Physiologie des menschlichen Körpers, die Evolution des menschlichen Fötus zu einem Baby.

11.

Selbstgenügsamkeit

Das einheitliche Feld braucht nichts von außerhalb, denn alles ist in diesem Feld enthalten. Es fällt immer wieder auf sich selbst zurück, und es schafft immer wieder alles neu.

12.

Alle Möglichkeiten

Das bedeut wirklich *sämtliche* Möglichkeiten – *alles*, was man sich vorstellen kann, und noch mehr. Daher hat man die Fähigkeit, alles zu erreichen, was in den Bereich der Phantasie fällt, und sogar jene Dinge, die gegenwärtig außerhalb der Vorstellungskraft liegen. Je mehr man erreicht, um so weiter wird sich die Phantasie entfalten. Was heute noch unvorstellbar ist, wird morgen vielleicht denkbar. Aber es wird immer wieder neue Reiche geben, die erforscht werden wollen.

13.

Unendliches Schweigen

Unendliches Schweigen ist der Geist Gottes. Es ist ein Geist, der alles aus dem Feld reinen Potentials erschaffen kann. Unendliches Schweigen enthält unendliche Dynamik. Übe dich in Schweigen, und du wirst stummes Wissen erwerben. In diesem stummen Wissen ist ein Rechensystem eingeschlossen, das unendlich viel präziser und stärker ist als alles andere innerhalb der Grenzen rationaler Gedanken.

14.

Harmonisierung

Das Universum ist die harmonische Interaktion aller Elemente und Kräfte, die Gleichgewicht und Harmonie erschaffen. Das Wort Universum bedeutet wörtlich »Ein Lied« (uni: eins, versum: Lied). In diesem Lied, in dieser Harmonie herrschen Friede, Lachen, Freude und Glückseligkeit.

15.

Evolutionär

Alles in der Natur entwickelt sich zu einer höheren Existenzstufe hin. Auch ohne Mühe und Denken, einfach aufgrund der Existenz selbst, entwickeln wir uns auf eine höhere Ebene des Bewußtseins zu. Und wenn wir uns dessen bewußt werden, entwikkeln wir uns noch schneller.

16.

Selbstbezug

Das einheitliche Feld bezieht sich auf kein außenliegendes Objekt, um sich zu vergewissern; es geht immer wieder auf sich selbst zurück, um zu erkennen.

17.

Unbesiegbarkeit

Das Feld ist unzerstörbar. Feuer kann es nicht verbrennen, Wasser kann es nicht durchnässen, Wind kann es nicht austrocknen, Waffen können es nicht spalten. Es ist uralt, es ist ungeboren, es stirbt niemals.

18.

Unsterblichkeit

Und daher ist es unsterblich.

19.

Unsichtbar

Obwohl es die Quelle von allem Offenkundigen in der Schöpfung ist, ist es selbst nicht deutlich erkennbar.

20.

Nährend

Das einheitliche Feld nährt alles in der Schöpfung, von einem Baum bis zu den Kreisen der Sterne und Galaxien, zur Vogelwanderung und der Bewegung unseres Immunsystems, vom Verdauungsprozeß, der in uns stattfindet, bis zum Schlagen unseres Herzens. All dies wird genährt.

21.

Integration

Es nährt nicht bloß all diese Aktivitäten, sondern verknüpft sie auch mit allem anderen.

22.

Schlichtheit

Und dennoch ist es dem Wesen nach reine Schlichtheit. Es ist nicht kompliziert. Denn in seinem am stärksten ausgeprägten nicht-manifesten Zustand ist es nichts, bloß unser eigenes Bewußtsein – und zwar in seiner *schlichtesten* Form.

23.

Läuterung

Das Feld läutert und klärt alles, was mit ihm in Kontakt gerät. Läutern bedeutet hier, etwas wieder in seinen ursprünglichen, puren Zustand zu bringen. Das Universum, die Quintessenz eines äußerst empfindlichen Gleichgewichts, hat seine Quelle in Reinheit; daher reinigt und klärt das Feld, diese Quelle von allem, alles, mit dem es in Berührung kommt.

24.

Freiheit

Freiheit ist in diesem einheitlichen Feld von Natur aus vorhanden. Und wenn wir mit dem Feld in Berührung geraten, dann erlangen auch wir Freiheit. Das ist eine Freiheit, die aus dem Erfahrungswissen des echten Wesens stammt. Und unser echtes Wesen ist, daß wir freudige und stumme Zeugen sind, die ungebundenen, unsterblichen Geister, die alle Erscheinungsformen beleben. Die Erfahrung dieses stummen Zeugnisses ist einfach SEIN.

Das ist wahre Freiheit – die Fähigkeit, die Entscheidungen

zu genießen, die wir in jedem einzelnen Moment der Gegenwart treffen. Es ist die Fähigkeit, spontan die Aufmerksamkeit auf diejenigen Entscheidungen zu richten, die uns und auch anderen Freude bringen.

25.

Glückseligkeit

Die letzte Eigenschaft des einheitlichen Feldes – und die wichtigste – ist Glückseligkeit. Glückseligkeit sollte man nicht mit Glücklichsein verwechseln. Glücklich ist man immer aus einem bestimmten Grund. Man ist glücklich, wenn einem jemand ein Kompliment macht, wenn man eine neue, gute Stelle bekommt, wenn man viel Geld verdient oder wenn man eine befriedigende Beziehung hat. Aber wenn man aus keinem ersichtlichen Grund glücklich ist, sich einfach nur an der Existenz freut, dann befindet man sich im Zustand von Glückseligkeit.

Von dieser Glückseligkeit stammen wir ab, sie ist das Wesen der Existenz selbst. Sie ist dem Feld zu eigen; sie ist urtümlicher als unser Körper, steht uns näher als unser Verstand. Und sie folgt uns, wo immer wir uns befinden.

In diesem Zustand reiner Glückseligkeit drückt sich reine Liebe aus. Wenn Liebe rein ist, wird man zur Verkörperung von Liebe. Diese Liebe wird niemandem angeboten, niemandem verweigert. Sie strahlt einfach von einem aus, wie Licht von einem Freudenfeuer oder Träume von einem Träumer. Sie entzündet den Funken der Liebe, wo immer sie hinfällt.

Wie nun nehmen wir diese Eigenschaften des einheitlichen Feldes in unser Bewußtsein auf? Es gibt dazu zwei Wege. Der eine ist, sich ihrer gewahr zu werden, und ich schlage vor, jeden Tag des Monats die volle Aufmerksamkeit auf eine dieser Eigenschaften zu richten.

Wir müssen uns in Erinnerung rufen, daß erst die Aufmerksamkeit die Partikel von einer Wahrscheinlichkeitsfrequenz zur Existenz bringt, aus einem Feld sämtlicher Möglichkeiten. Aufmerksamkeit ist genau der Mechanismus, um ein Raum-Zeit-Ereignis aus dem Feld sämtlicher Möglichkeiten heraufzubeschwören. Wenn wir daher unsere Aufmerksamkeit auf eine bestimmte Eigenschaft des Feldes richten, bringt sie diese nicht nur in unser Bewußtsein, sondern auch in ihrem materiellen Ausdruck in unser Leben.

Wissenschaftler haben bewiesen, daß geistige Ereignisse in Moleküle übertragen werden. Diese Moleküle sind tatsächliche Boten aus dem inneren Raum. Sie sind die Entsprechung zum Gedanken. Als man sie zuerst entdeckte, nannte man sie Neuropeptide, denn man fand sie zuerst im Gehirn. Jetzt wissen wir, daß sich Neuropeptide nicht auf das Gehirn beschränken, sondern alle Zellen des Körpers durchdringen.

Am Fassen eines Gedankens ist nicht nur die Gehirnchemie beteiligt, sondern die gesamte Körperchemie. Jeder Gedanke, den man hat, jede Vorstellung, die einem in den Sinn kommt, schickt eine chemische Botschaft an den Kern des Zellbewußtseins. Wenn man einem Wort Aufmerksamkeit widmet, jener symbolischen Ausdrucksform eines Gedankens, hat das daher mit Magie zu tun. Denn so verwandelt man das Unsichtbare in etwas Faßbares.

Man sucht sich also für jeden Tag des Monats sein Thema. Es gibt fünfundzwanzig Eigenschaften für fünfundzwanzig Tage. Am sechsundzwanzigsten Tag beginnt man wieder mit dem ersten Thema. Nehmen wir an, das Thema heute heißt Freiheit. Dann richtet man für diesen Tag seine Aufmerksamkeit auf dieses Wort Freiheit. Man denkt daran, daß das Wort Fleisch wird, und das Quantenereignis wird zu Neuropeptiden. Das Wort sollte nicht analysiert werden. Man versucht auch nicht, es zu definieren oder einzuschätzen. Bitte auch keine Deutungen vornehmen. Man richtet einfach nur seine Aufmerksamkeit darauf. Schon bald bettet es sich im Bewußtsein, in der Wahrnehmung ein. Dies bewirkt eine positive Veränderung im Bewußtsein, die spontan die Physiologie verändert, und diese Veränderung in der Physiologie verursacht spontan eine Veränderung in den Lebenserfahrungen.

Ein zweiter Weg, eine Physiologie zu entwickeln, die die Eigenschaften des einheitlichen Feldes verkörpert, bedeutet, diese direkt zu erfahren. Dies erreicht man durch die Praktik der Meditation. Meditation gestattet es dem Geist, immer abstraktere Ebenen des Denkprozesses zu erleben und letztendlich in jene abstrakteste Ebene des Bewußtseins, das transzendentale Bewußtsein, zu transzendieren, das einheitliche Feld selbst. Dies ist der Zustand reiner Wahrnehmung, reinen Bewußtseins. Meditationen sind in fast allen Kulturen Bestandteil der spirituellen Tradition. Meine eigenen Erfahrungen entstammen der regelmäßigen Ausübung transzendentaler Meditation.

Es gibt eine Reihe wissenschaftlicher Studien, die die positiven Wirkungen von Meditation beweisen: Der Blutdruck fällt ab, Streß verringert sich, der Grundumsatz wird gesenkt. Schlaflosigkeit, Angst und eine Reihe psychosomatischer Störungen bessern sich oder verschwinden gänzlich. Darüber hinaus gleichen sich die Gehirnwellen verstärkt aneinander an, was unter anderem die Aufmerksamkeitsspanne verlängert und Kreativität, Lernfähigkeit und Erinnerung fördert.

Die Wirkungen von Meditation reichen auch in den Alltag hinein, und schon bald werden unsere Tätigkeiten von den Eigenschaften des einheitlichen Feldes gesättigt und beeinflußt. Der Grund dafür ist, daß wir genau zu dem werden, was wir durch Erfahrung lernen. Und wenn wir dies erst geworden sind, beginnen wir, all die dazugehörigen Eigenschaften zu verinnerlichen. In der vedischen Literatur bezeichnet man das einheitliche Feld als Brahman. Es gibt einen Spruch in Sanskrit: »*Brahmavit brahmaiv bhavate*«, der bedeutet: »Man wird Brahman in dem Ausmaß, wie man Brahman kennt«. Die Transzendierung wird daher zu einem sehr praxisnahen Vorgang – indem man die Eigenschaften des einheitlichen Feldes nicht nur aus der Erfahrung erkennt und versteht, sondern deren Werte auch im täglichen Leben ausdrücken kann, in allen Tätigkeiten des Alltags.

Ich habe in diesem Buch die Schritte aufgezeichnet, wie man ein Bewußtsein für Wohlstand und Fülle erreichen kann, das auf einem wahren Verständnis der Mechanismen der Natur beruht. Oscar Wilde, den ich zuvor schon zitierte, sagte einmal:

»Als ich jung war, dachte ich immer, Geld sei das wichtigste im Leben. Jetzt bin ich älter und *weiß*, daß das so ist.«

Es ist ganz klar, daß Wilde hier einen Scherz im Sinne hatte, aber wenn wir das Wort Geld durch »Wohlstand« ersetzen, dann erkennen wir die Wahrheit dieser Bemerkung. Wohlstand hat mit Geld zu tun, aber es geht nicht nur um Geld. Es hat vielmehr mit Überfluß und Fülle zu tun, mit der Großzügigkeit des Universums, in dem jeder Wunsch, den wir hegen, erfüllt werden muß, denn wie wir zuvor sagten, einen Wunsch haben bedeutet auch immer, über den Weg zu seiner Erfüllung zu verfügen.

Das Universum ist eine einzige große Traummaschine, die Träume hervorbringt und sie in Wirklichkeit verwandelt, und unsere eigenen Träume sind unentwirrbar mit dem Gesamtplan aller Dinge verflochten.

Die Methode zur Erfüllung dieser Träume ist zunächst einmal in der Macht des Wissens enthalten, die man im alten Indien als *gyan shakti* kannte, zweitens in der Kraft der Absicht oder des Wunsches, im alten Indien als *iccha shakti* bekannt. Aber die Macht des Wissens und die Macht der Absicht oder des Wunsches finden ihre unermeßliche Kraft und ihr Potential in der Macht der Transzendierung, die als *atma shakti* bekannt ist. *Atma shakti*, die Macht des Selbst, ist die Kraft Brahmans, bei dem die unendliche Organisationskraft des Universums ruht.

Die Veda sagt: »Erkenne das eine, indem du alles andere erkennst, was erkannt werden kann.«

Man weiß, daß tief im eigenen Inneren, in den hintersten Gemächern des Herzens, die Göttinnen des Wissens und des Reichtums wohnen. Liebe sie und nähre sie, und jeder Wunsch, den du hegst, wird spontan Gestalt annehmen und aufblühen. Denn diese Göttinnen haben nur einen einzigen Wunsch: Geboren zu werden.

Das A bis Z der Schritte, wie man Wohlstand schafft

A – Alle Möglichkeiten, das Absolute, Autorität, Reichtum und Fülle

B – Besser, am Besten

C – Chance und Charakter

D – Dualität von Angebot und Nachfrage, *dharma*

E – Erfolg anderer, Erwartung

F – Fehlschläge enthalten immer auch den Samen des Erfolgs

G – Großzügigkeit, Gott, Größe und Güte

H – Humanität und Herzenserfüllung

I – Intention

J – Judizierung nicht erforderlich

K – Kenntnisse ermöglichen eine Organisation der Realität

L – Liebe und Luxus
M – Mehr für andere schaffen
N – Nein zu Negativität sagen
O – Ordnung und Opposition
P – Potential und Platz im Leben
Q – Quell aller Fragen
R – Reichtum empfangen und geben
S – Sozial und sinnvoll ausgeben
T – Transzendenz und totales Bewußtsein, Talent
U – Universalität
V – Verbindung aller Werte
W – Wohlstand ohne Sorgen
X – steht für alle, die uns helfen
Y – Yogi-Gelassenheit und jugendliche Lebenskraft
Z – Zehnter, Zielstrebigkeit und Lebensgeist

Die fünfundzwanzig Eigenschaften des einheitlichen Feldes

– 1 –

Vollständiges Potential der Naturgesetze

– 2 –

Unendliche Organisationskraft

– 3 –

Völlig wach in sich selbst

– 4 –

Unendliche Wechselbeziehung

– 5 –

Perfekte Ordnung

– 6 –

Unendliche Dynamik

– 7 –

Unendliche Kreativität

– 8 –

Reines Wissen

– 9 –

Grenzenlosigkeit

– 10 –

Perfektes Gleichgewicht

– 11 –

Selbstgenügsamkeit

– 12 –

Alle Möglichkeiten

– 13 –

Unendliches Schweigen

– 14 –

Harmonisierung

- 15 -
Evolutionär

- 16 -
Selbstbezug

- 17 -
Unbesiegbarkeit

- 18 -
Unsterblichkeit

- 19 -
Unsichtbar

- 20 -
Nährend

- 21 -
Integration

- 22 -
Schlichtheit

– 23 –

Läuterung

– 24 –

Freiheit

– 25 –

Glückseligkeit

Über den Autor

Dr. Deepak Chopra ist es überaus erfolgreich gelungen, das Beste aus östlichem und westlichem Gedankengut zu verschmelzen und uralte Weisheiten mit moderner Wissenschaft zu verbinden.

Dr. Chopras Schriften wurden in fünfundzwanzig Sprachen übersetzt. Er unternahm ausgedehnte Vortragsreisen in den Vereinigten Staaten, in Europa, Rußland, Japan und Indien. Seine bahnbrechenden Vorlesungen und Veröffentlichungen haben ihn weltweit als führenden Vermittler der ganzheitlichen Heilkunst für Körper, Seele und Bewußtsein berühmt gemacht.

Informationen über Seminare und Workshops, weitere Bücher und Audiokassetten des Autors erhalten Sie bei:

Quantum Publications, Inc.
P. O. Box 589
South Lancester, MA 01561
USA

Nietzsche, Gott und die Irrtümer westlicher Religionen

Mut
€ 7,95 · 224 Seiten
ISBN: 3-548-74113-4

Kinder
€ 9,95 · 528 Seiten
ISBN: 3-548-74109-6

Ego
€ 10,95 · 624 Seiten
ISBN: 3-548-74110-X

Frauen
€ 10,95 · 696 Seiten
ISBN: 3-548-74111-8

Das Buch der Heilung
€ 10,95 · 480 Seiten
ISBN: 3-548-74213-0

Das Buch der Männer
€ 11,95 · 656 Seiten
ISBN: 3-548-74212-2

Der Gott, den es nicht gibt
€ 20,– · geb. 260 Seiten
ISBN: 3-7934-2025-6

Kreativität
€ 8,95 · 240 Seiten
ISBN: 3-548-74215-7

Intuition
€ 7,95 · 224 Seiten
ISBN: 3-548-74112-6

Intimität
€ 7,95 · 224 Seiten
ISBN: 3-548-74214-9

BewusstSein
€ 8,95 · 256 Seiten
ISBN: 3-548-74211-4

Reife
€ 8,95 · 224 Seiten
ISBN: 3-548-74216-5